PRÉLUDE
DE LA
RÉVOLUTION
À DOUAI

D'APRÈS LES PIÈCES AUTHENTIQUES
puisées aux Archives de cette Ville

1789-1790

Par Louis DECHRISTÉ
MEMBRE DE LA SOCIÉTÉ D'AGRICULTURE, SCIENCES ET ARTS DE DOUAI
ET DE LA COMMISSION HISTORIQUE DU DÉPARTEMENT DU NORD

DOUAI
LOUIS DECHRISTÉ, IMPRIMEUR-ÉDITEUR
RUE DE BÉTHUNE
— 1884 —

EXTRAIT DU TOME Ier

DE LA TROISIÈME SÉRIE

DES MÉMOIRES DE LA SOCIÉTÉ D'AGRICULTURE, SCIENCES & ARTS DE DOUAI

CENTRALE DU DÉPARTEMENT DU NORD

PRÉLUDES

DE LA

RÉVOLUTION

A DOUAI

D'APRÈS LES PIÈCES AUTHENTIQUES

reposant aux Archives de cette Ville

1789-1790

Par Louis DECHRISTÉ

MEMBRE DE LA SOCIÉTÉ D'AGRICULTURE, SCIENCES ET ARTS DE DOUAI
ET DE LA COMMISSION HISTORIQUE DU DÉPARTEMENT DU NORD

DOUAI

Louis Dechristé, imprimeur breveté

RUE JEAN-DE-BOLOGNE, 1

— 1884 —

AVERTISSEMENT

En 1877, nous avons fait paraître une brochure in-8° de 150 pages ayant pour titre : *Les Tableaux, Vases sacrés et autres objets précieux appartenant aux églises abbatiales, collégiales et paroissiales, chapelles des couvents, etc., de Douai et de son arrondissement, au moment de la Révolution, d'après les pièces authentiques reposant aux Archives du département du Nord, à Lille, et aux Archives communales de Douai* (1)

Encouragé par les conseils du vénérable et savant M. le président Tailliar, nous avons publié, en 1880, un volume in-8° de XXI-780 pages, sous le titre de : *Douai pendant la Révolution (1789-1802), ouvrage composé exclusivement de documents inédits,*

(1) Ce travail a obtenu la médaille d'or, au concours ouvert en 1876, par la Société d'Agriculture, Sciences et Arts de Douai.

puisés aux Archives départementales à Lille et aux Archives communales de Douai.

Il a été découvert depuis, dans les Archives de cette ville, deux dossiers très intéressants, relatifs à des faits que nous appellerons : *Préludes de la Révolution à Douai.*

Nous espérons que nos concitoyens feront à cette brochure l'accueil bienveillant dont ils nous ont honoré lors de la publication de nos précédents ouvrages.

PRÉLUDES DE LA RÉVOLUTION

A DOUAI

I

LA CONSPIRATION.

Le dimanche premier novembre 1789, le lieutenant-bailli de Douai dénonçait à MM. du Magistrat une conspiration découverte la veille au soir dans cette ville, et requérait qu'une information fût faite à ce sujet.

Le même jour, une ordonnance signée par MM. Crugeot de Rœux, Malotau de Beaumont, Remy de La Susse, etc., échevins, était rendue, conformément à l'avis du lieutenant-bailli.

Mais auparavant, et dès minuit, on assemblait le Comité de la garde bourgeoise ; à minuit et demi, ordre était donné de faire des patrouilles sur-le-champ dans toute la ville, et des visites dans toutes les auberges et autres lieux destinés au logement des étrangers ; enfin, défense était faite de laisser sortir de la ville aucune voiture, avant que les étrangers qui pourraient s'y trouver ne fussent examinés et interrogés.

De nombreux témoins sont assignés et entendus à divers titres pour l'information ; on y remarque : M. Vandermeulen, seigneur d'Hyémans, et son épouse, née Mellez ; M. Primat, curé de Saint-Jacques à Douai, lequel, deux ans plus tard, fut élu évêque constitutionnel du Nord, et mourut, en 1818, archevêque de Toulouse ; M. Le Roux de Bretagne, écuyer ; messire Théry de Gricourt, chevalier ; M. Lagache de Bourgies, ancien officier au régiment de Flandre ; M. Taranget, professeur en médecine à l'Université de Douai ; M. Bommart, entrepreneur des fortifications, etc.

Quel était donc le fait capable d'émouvoir à ce point les autorités de notre bonne ville de Douai ?

Il ne s'agissait de rien moins que d'une conspiration des plus graves, comme on pourra s'en assurer par la lecture des libelles saisis.

Mais auparavant, rapportons quelques courts extraits du volumineux dossier.

Voici d'abord le rapport de M. Hubert, capitaine de la garde bourgeoise :

« L'an 1789, la nuit du trente et un octobre au premier novembre, M. Hubert, capitaine de la première compagnie de la garde bourgeoise, et commandant la garde cejourd'hui, ayant fait assembler le Comité, ainsi que les officiers municipaux, et l'assemblée se trouvant formée en présence de M. le chevalier de Frédy, maréchal-des-camps et armées du Roi et commandant en cette place, mondit sieur Hubert a rendu compte que vers dix heures et demie cette nuit, **M. Mellez**, professeur en médecine à l'Université de cette ville, était venu le trouver à son poste de l'hôtel-de-ville, où il lui aurait déclaré qu'il avait des choses de la plus haute importance à lui communiquer, qui paraissaient intéresser particulièrement la tranquillité du royaume et la sûreté personnelle du Roi.

» Des détails donnés par M. Mellez, il résultait que sa fille était la personne ayant découvert le complot.

» Que sur cette déclaration de mondit sieur Mellez. lui sieur Hubert aurait pris le parti de se rendre sur le champ vers ladite demoiselle, avec MM. Delval et Paix, citoyens de cette ville, laquelle, en leur présence, répéta les mêmes faits et les mêmes circonstances et leur en certifia la vérité, en leur disant qu'elle avait différentes blessures aux doigts de la main gauche, qu'elle leur montra enveloppée de linge, lesquelles provenaient des coupures occasionnées par une lame d'épée qu'elle avait saisie.

» Et à l'instant mondit sieur Hubert a mis sous les yeux du Comité et des officiers municipaux assemblés, les papiers qui lui ont été remis par ladite demoiselle Mellez et qu'elle a dit avoir ramassés par terre dans la rue des Carmes; ces papiers en trois pièces :

» 1° Une lettre portant date octobre 1789, commençant par ces mots : *C'est aujourd'hui le 26, mon cher Comte.* — Elle est sur papier à lettre de dimension ordinaire et dont la marque de fabrique est aux armes du Roi; elle est tachée de boue.

» 2° Une autre lettre, sans date, commençant par ces mots : *Je suis parti de Paris hier, mon cher.* — Cette lettre, d'un petit format, est écrite sur papier doré sur tranche, et est tachée de boue sur le côté écrit, et, sur le derrière, de boue et de sang.

» 3° Une feuille de papier grand format, paraissant de fabrique hollandaise, contenant des lettres alphabétiques, au nombre de trente-six, terminée par une croix garnie de quatre points, et ensuite à la ligne des espèces d'hiéroglyphes, au nombre de vingt, et enfin, à la ligne, des chiffres romains au nombre de trente-cinq. »

Il a été délibéré, dans la même assemblée, de nommer des commissaires pour se transporter sur-le-champ au domicile de la demoiselle Mellez, à effet de tenir procès-verbal de ses dire et déclaration, serment préalablement prêté. Le choix desdits commissaires est tombé sur M. le chevalier de Frédy, commandant de la place ; M. Foucques, chef du Magistrat ; M. Briffault, échevin ; M. d'Haubersart, conseiller pensionnaire de la ville ; M. le chevalier de Gricourt, lieutenant-colonel de la garde bourgeoise ; M. de Bailliencourt dit Courcol, compagnon d'armes et membre du Comité de la garde bourgeoise, et M. Le Roux de Bretagne, secrétaire dudit Comité.

INTERROGATOIRE DE MADEMOISELLE MELLEZ.

« L'an 1789, le premier novembre, cinq heures du matin.

» Nous, commissaires dénommés, nous sommes transportés en la maison de M. le docteur Mellez, située en cette ville rue des Blancs-Mouchons, paroisse Saint-Pierre, où étant, sommes entrés dans une chambre où se trouvait demoiselle Rosalie-Julie-Joseph Mellez, qui nous a dit être âgée de vingt-sept ans, laquelle, après serment de dire la vérité, nous a déclaré qu'hier, trente et un octobre, vers six heures et demie ou le quart de sept heures du soir, elle est sortie de chez elle pour aller à confesse en l'église Saint-Pierre, sa paroisse ; qu'après sa confession elle est allée faire sa prière à Notre-Dame-des-Miracles, dont la chapelle est derrière le chœur, dans le dôme ; que pour être plus recueillie, elle s'est placée contre la grille du chœur, à côté d'un des piliers faisant face à l'entrée de ladite chapelle de Notre-Dame-des-Miracles ; qu'elle était alors couverte d'un long mantelet noir et d'une coiffe même couleur, ayant autour d'elle un assez grand nombre de chaises, comme il s'en trouve ordinairement dans cet endroit ; qu'il y avait à peine un demi-quart d'heure que la déposante était là assise, que deux hommes parurent vis-à-vis la chapelle de Saint-Laurent, qui se trouve à la droite de celle de Notre-Dame-des-Miracles ; que l'un d'eux regarda au-dessus de ladite chapelle de Saint-Laurent, et que l'autre lui demanda : *N'y a-t-il personne ?* Qu'ils passèrent vis-à-vis la déposante et allèrent à la chapelle de Sainte-Face, qui est à gauche de celle de Notre-Dame-des-Miracles, et regardèrent aussi au-dessus de la grille, puis se retournèrent vers la carolle qui conduit à la sacristie ; que dans cet instant un homme est venu par l'autre carolle où sont les confessionnaux, s'est mis à genoux dans le milieu de la carolle qui fait face à ladite chapelle de Notre-Dame-des-Miracles, à peu près vis-à-vis la déposante ; que les deux hommes dont elle vient de parler revinrent alors sur leurs pas, et l'un d'eux, étendant le bras dit : *Chut! il y a quelqu'un,* sans doute en voulant parler de l'homme qui venait d'arriver, et non de la déposante qu'ils ne pouvaient pas apercevoir, à cause de l'obscurité de l'endroit où elle était et qu'elle était cachée par des chaises à haut dossier qui se trouvaient devant elle ; que ces deux hommes retournèrent encore dans la carolle où est la sacristie ; que quelques minutes après, l'homme qui faisait sa prière est sorti par la carolle où sont les confessionnaux, et qu'un instant après, les deux autres ont reparu de nouveau et se sont placés dans le vestibule de ladite chapelle de Notre-Dame-des-Miracles.

» Qu'étant là, ils parlèrent ensemble à voix basse, de sorte que la déposante ne put entendre toute la suite de leur conversation, mais seulement quelques mots ou phrases coupés et interrompus, tels que : *Passer la nuit dans cette église, il y aurait du danger d'être surpris.... Si nous pouvions gagner Cambrai.... Les portes sont fermées...* Ils ont prononcé le mot d'auberge... *Il y aurait du péril... Prendre la poste au point du jour... Qu'il y aurait du danger d'être reconnus.* — Que la déposante a entendu distinctement ce mot : *Le Roi,* et l'autre sitôt se mettre à jurer... *Rendus à Paris la nuit du mercredi au jeudi.... As-tu tes paquets ?* — Que la déposante ayant entendu faire quelques pas, ouït encore ces mots : *Tâchons de gagner les remparts...* — Que la première idée qui était venue à l'esprit de la déposante, lorsqu'elle vit ces deux hommes regarder au-dessus des grilles des deux chapelles dont il est parlé ci-dessus, était qu'ils avaient l'intention de voler ; mais que les premiers propos qu'elle vient de rappeler lui ont fait croire qu'il s'agissait d'une conspiration, ce qui la détermina à baisser la tête sur les genoux et à retirer sa coiffe pour mieux cacher son visage.

» Qu'après les mots ci-dessus rappelés : *Tâchons de gagner les remparts,* ces deux hommes sont sortis du vestibule de la chapelle de Notre-Dame-des-Miracles et sont passés dans la carolle où est la sacristie ; qu'alors la déposante se leva doucement et sans bruit et les suivit à la distance d'environ trente à quarante pas ; qu'à l'aide de la faible lumière de la lampe suspendue vis-à-vis la chapelle de la Paroisse, elle les aperçut passant vis-à-vis cette même chapelle, à travers quelques personnes éparses çà et là faisant leurs prières ; qu'elle les distingua mieux lorsqu'ils approchèrent du grand portail, au moyen de quelques lumières qui se trouvaient près les fonts baptismaux ; qu'ils sortirent de l'église par ledit grand portail ; qu'ils parurent à la déposante de la taille l'un de cinq pieds cinq à six pouces environ, et l'autre un peu plus petit ; que tous deux étaient vêtus d'un frac ou capote de couleur rembrunie, fort longue et fort ample ; qu'à leur arrivée vers la chapelle de Saint-

Laurent, derrière le chœur, ils avaient le chapeau bas, et que la déposante croit qu'ils avaient les cheveux retroussés et sans poudre ; mais que lorsqu'ils passèrent vis-à-vis la chapelle de la Paroisse et les fonts baptismaux, en sortant de l'église, ils avaient la tête couverte de grands chapeaux détroussés et fort enfoncés, de façon que les cheveux ne paraissaient pas.

» Que la déposante sortit aussi de l'église par le grand portail, et frappée de l'idée d'une conspiration dont elle croyait ces deux hommes auteurs et complices, elle prit le parti de les suivre à quelque distance, dans le dessein de les dénoncer à la garde du poste où ils auraient pris le rempart, et de les faire arrêter.

» Que ne les voyant pas dans la rue du Clocher qui fait face audit grand portail, elle soupçonna qu'ils étaient passés par le cimetière ; qu'elle prit en conséquence le même chemin et qu'y étant entrée, elle les vit effectivement devant elle, à la distance de quarante ou cinquante pas ; qu'elle les suivit, toujours à la même distance, dans la rue Saint-Jacques et celle des Carmes-Déchaussés, jusqu'à ce qu'elle les vît entrer dans la cour qui est en avant de l'église desdits Carmes, et qui n'est séparée de la rue que par une grille en fer.

» Qu'alors la déposante se posta contre le coin du mur de la manufacture de grès d'Angleterre (1), dans le dessein d'entendre ce que ces deux hommes pourraient dire, et de continuer de les suivre lorsqu'ils sortiraient pour gagner les remparts ; qu'elle n'a encore entendu que quelques mots et phrases coupées, tels que : *Il faut*

(1) C'est aujourd'hui l'Ecole des Maîtres Mineurs.

partir... C'est immanquable... Voyons ça... Cela n'est pas difficile... L'embarras est d'approcher...

» Que pendant cette conversation, la déposante a cru entendre le bruit de quelques papiers que l'on ouvre ou que l'on touche ; qu'alors s'étant fait un bruit assez fort, soit dans le couvent des Carmes, soit dans le voisinage, l'un de ces hommes dit d'un ton effrayé : *Nous sommes perdus !*

» Que dans le même instant la déposante a entendu un bruit léger comme de papiers que l'on froisse en les ramassant.

» Qu'aussitôt l'un des deux hommes parut sur le seuil de la porte, et apercevant la déposante, vint sur elle l'épée à la main, et qu'au même moment l'autre sortit aussi de ladite cour, et s'enfuit à toutes jambes de l'autre côté vers la rue des Trinitaires.

» Qu'à l'instant où ledit inconnu joignit la déposante, elle sentit un coup assez léger sur la partie gauche de sa poitrine ; qu'elle saisit la lame de l'épée de la main gauche et la retint de toutes ses forces, criant *au secours !* aussi de toute sa force ; que l'inconnu faisant effort pour dégager son épée, et pour coigner la déposante contre la muraille, elle faisant effort au contraire pour retenir la lame de l'épée et garder le plein de la rue ; qu'au moyen de ce débat, la déposante se trouva sur le seuil de ladite cour, continuant de crier : *au secours !* qu'elle aperçut alors des papiers à terre ; que toujours frappée de l'idée d'une conspiration dont ces papiers pouvaient contenir la preuve, elle recula d'un pas, tira son mouchoir de la poche avec la main qui lui restait libre, et le laissa tomber sur lesdits papiers, et dans la crainte que son assaillant n'aperçût aussi ces papiers, elle mit un genou en terre pour couvrir et le mouchoir et les papiers ; qu'alors ledit assaillant lui donna un grand coup de poing sur la tête, qui l'étourdit, et retira en même temps son épée avec violence, ce qui coupa le gant dont la main était couverte et les doigts de la déposante, et que les blessures qu'elle a au poignet ont été faites par la pointe de l'épée pendant que la déposante la tenait dans la main et que l'assaillant faisait effort pour la retirer.

» Qu'aussitôt qu'il eut dégagé son épée, il s'enfuit à toutes jambes vers la rue des Trinitaires ; qu'alors la déposante cessa de crier au secours, se releva et ramassa son mouchoir et les papiers et s'enfuit aussi de son plus vite, de crainte que cet homme ne revînt sur elle.

» Que son projet était d'aller directement et de suite faire sa dénonciation à l'hôtel-de-ville ; mais qu'étant parvenue au pont Saint-Jacques, elle sentit que ses jambes s'affaiblissaient, ce qui lui fit prendre le parti de revenir chez elle.

» Que dans la rue des Carmes elle ne rencontra qu'un seul homme qu'elle ne connaît pas, vis-à-vis la maison de M. d'Inielle, et que dans la rue Saint-Jacques et les autres en suivant, elle rencontra quelques autres personnes qu'elle ne connaît également point et qui allaient et venaient.

» Qu'elle arriva chez elle, à ce qu'elle croit, vers sept heures et demie, qu'elle y rentra toute éperdue et à peine en état de répondre à la servante qui lui avait ouvert la porte et qui lui demandait pourquoi le mouchoir dont la main était enveloppée était teint de sang, pourquoi ses jupons étaient pleins de boue ; qu'elle passa de suite dans la salle à manger où étaient M. son père, M. son beau-frère et Mme sa sœur, sachant à peine répondre aux questions qu'ils lui faisaient sur l'état où elle se trouvait ; qu'après quelques discours, elle tira de son sein les papiers qu'elle y avait mis dans la crainte de les perdre, et les plaça, à ce qu'elle croit, sur la table.

» Que les personnes ci-dessus les examinèrent ensemble et résolurent que M. Mellez ferait sa dénonciation et les remettrait au capitaine commandant la garde bourgeoise, ce qui fut exécuté le même soir.

» Dépose encore que les deux hommes ci-dessus mentionnés parlaient bien le français et avaient un accent qui faisait voir qu'ils n'étaient pas de ce pays-ci... »

DÉPOSITION DE M. MELLEZ.

« Messire Antoine-Joseph Mellez, âgé de 67 ans... (1), dépose que le samedi trente et un octobre dernier, il est

(1) M. Antoine-Joseph Mellez, né à Douai le 14 mai 1729, docteur et professeur royal primaire en la Faculté de médecine de l'Université de cette ville, ancien recteur de ladite Université. Ayant perdu sa femme dans un âge peu avancé, la douleur qu'il en éprouva le détermina à entrer dans les ordres. Il fut diacre et chanoine de l'église collégiale de Saint-Amé. Aussi est-il mentionné dans sa déposition, qu'il prêta serment *manu pectori appositâ*, comme le faisaient alors les ecclésiastiques. — M. Mellez est mort maire de Douai, le 23 juillet 1804. Sa famille a élevé un monument à sa mémoire dans l'église Saint-Pierre.

2

rentré chez lui vers les six heures et demie du soir, où il a trouvé dans sa chambre à manger M. Vandermeulen, son gendre, et Mme Vandermeulen, sa fille cadette, à qui il a demandé où était Melle Mellez, sa fille aînée ; à quoi il fut répondu qu'elle était à l'église Saint-Pierre, sa paroisse, pour s'y confesser ; qu'il causa avec eux quelques instants, après quoi M. Vandermeulen et lui prirent chacun livre, et la dame Vandermeulen son ouvrage ; que vers sept heures un quart, le déposant témoigna de l'inquiétude de ce que sa fille ne revenait pas, mais que la dame Vandermeulen le tranquillisa en lui disant qu'elle n'était sortie qu'après cinq heures et demie, parce que M. Mouchin de La Motte, qui était venu les voir, l'avait retenue jusqu'alors ; que vers sept heures et demie, on sonna à la porte avec violence, ce qui fit dire au déposant : *On voit bien que c'est Melle Mellez qui sonne, elle sonne en maîtresse.*

» Que l'instant d'après la demoiselle Mellez entra dans la place à manger avec la fille qui lui avait ouvert la porte, à qui elle a ordonné de se retirer de la chambre de suite, et qu'aussitôt le déposant remarqua qu'elle avait le visage enflammé et qu'elle était très animée et très émue ; qu'elle s'écria : *Papa, je suis blessée. Il y a des coquins, des scélérats en ville... La vie du Roi est en danger... Mon cousin* (en adressant la parole à M. Vandermeulen), *courez de suite à l'hôtel-de-ville... Il faut partir pour Paris.*

» Que le déposant, son gendre et sa fille cadette, se sont aperçus que la main gauche et le mouchoir de ladite demoiselle Mellez étaient couverts de sang, et que M. Vandermeulen lui ôta le gant de cette main gauche en le retournant et le tirant avec précaution ; qu'alors ladite demoiselle avait dit : *Ce n'est pas tout ; j'ai reçu des coups sur la tête,* et qu'elle était toute étourdie et prête à se trouver mal ; qu'elle ajouta encore qu'elle avait reçu un coup sur le côté gauche de la poitrine, mais qu'elle ne croyait pas y être blessée ; qu'aussitôt on envoya chercher le sieur Poulez, chirurgien en cette ville, pour la panser ; qu'en attendant on lui fit prendre un peu de vin, parce qu'elle était chaque instant sur le point de se trouver mal.

» Que le sieur Poulez est arrivé, a visité et pansé ses blessures, et que lorsqu'il fut retiré et ladite demoiselle un peu calmée, elle fit au déposant et au sieur et dame Vandermeulen le récit de ce qui lui était arrivé. »

Pierre-Charles-Joseph Vandermeulen, écuyer, seigneur d'Hyemans, avocat en Parlement, âgé de vingt-sept ans, et Thérèse-Ernestine-Joseph Mellez, dame Vandermeulen, âgée de vingt-trois ans, font des dépositions identiques à celle de M. Mellez.

Plusieurs des témoins, entendus dans l'instruction, ont vu à Saint-Pierre les deux hommes en question ; ils y ont vu également Melle Mellez ; d'autres ont entendu les cris qu'elle a poussés rue des Carmes et le bruit de sa fuite précipitée.

Voici le signalement que donnent, des deux hommes vus à Saint-Pierre, trois des témoins :

Le premier dépose « qu'il vit passer deux hommes qui venaient du côté de la chapelle de Notre-Dame-des-Miracles et allaient vers le portail ; il a très bien observé celui des deux qui a passé plus près de lui ; cet homme lui a paru grand et de taille de grenadier ; il a été frappé du vêtement, du port et du regard de cet homme, lequel l'a fixé en passant. Ce même homme avait les cheveux retroussés, la physionomie assez jeune, les yeux noirs et beaux, le vêtement long et large, mais serré du collet, de couleur bleue, brune ou autre semblable, n'ayant pu bien la distinguer à cause de la faiblesse de la lumière en cet endroit. Quant à l'autre homme, il n'a remarqué ni la taille, ni le vêtement. »

Un deuxième témoin dit : « Qu'il a vu, au milieu de la grande nef de Saint-Pierre, deux hommes vêtus d'une couleur rembrunie, dont l'un avait sur la tête un chapeau rond, et l'autre tenait à la main un chapeau aussi rond. Que peu après, il revit les deux mêmes hommes, venant du côté de la chapelle de Notre-Dame-des-Miracles, et allant vers le portail ; que l'un lui a paru être de taille de cinq pieds six pouces environ, pas fort gros et assez jeune, et le nez allongé ; l'autre, qu'il a moins remarqué, plus petit, et paraissant plus vieux ou plus brun. »

Enfin, un troisième témoin dépose « avoir aperçu à Saint-Pierre, le trente et un octobre, vers six heures trois quarts du soir, deux hommes de taille assez haute, ayant à la main des chapeaux ronds ; ces hommes étaient bien coiffés et bien poudrés, ne pouvant dire, ajoute-t-il, s'ils avaient des bourses ou des queues. Ils étaient vêtus d'habits à taille ordinaire, d'étoffe légère et de couleur brunâtre. L'un de ces deux hommes était bien de figure, avait le nez long et l'autre était un peu marqué de petite vérole. Ces deux hommes lui ont paru être de l'âge à peu près de trente-six ans. Le plus petit avait environ cinq pieds cinq pouces, et l'autre (qui était beau de figure), un peu plus grand.

Voici le texte des libelles incriminés :

PREMIÈRE PIÈCE.

« Je suis parti de Paris hier, mon cher, moi dixième,
» nous avons passé la nuit au B. avec les X, nous
» sommes convenus de tout. Des R rendez-vous, des
» signaux.... et tu as reçu ton paquet et toutes les ins-
» tructions. Le X est parti, que rien au monde ne t'ar-
» rête. Le X compte sur toi. Tu sçais combien tu es
» nécessaire à nos projets, reste où tu es jusqu'au jour;
» Dissimule, c'est ton rôle, ne t'éloigne pas. — Avant
» le moment, il faut tout craindre ; observe qui appro-
» che de X, qui l'entoure, ne le perds pas de vue, tu
» nous rendras compte de tout. Lorsque le moment
» approchera, redouble de zèle, je défie qu'on te soup-
» çonne, tu prépareras les voies et tu nons donneras les
» facilités que tes instructions portent. Sois exact sur...
» Le X se défie de quelques-uns des nôtres. Tu sçais
» le sort qui attend les faux frères, tu sçais celui qui
» attend les braves... Allons, mon cher, volons à la
» gloire, à la fortune. Souviens-toi de la devise : *Vain-*
» *cre ou périr.* N'oublie pas ton catalogue des chiffres.

» Je t'embrasse, mon cher; tiens ferme, morbleu ! Je
» t'envoie ce billet par un homme sûr; tu en recevras
» un de X et deux autres ; — brûle tout. »

DEUXIÈME PIÈCE.

Octobre 1789.

« C'est aujourd'hui le vingt-six, mon cher comte ; tu
» m'entends : dans dix jours la grande révolution sera
» faite, et tous les projets du régénérateur de l'Etat
» seront exécutés, si tous les nôtres tiennent bon. **Je**
» connais ton intrépidité, tu es incapable de reculer.
» Nous avons tous juré, tu sçais quelle nuit, aux pieds
» du Y de.... Je suis inviolablement au X, je suivrai sa
» fortune jusqu'à la mort. Si nous sommes découverts,
» il faut se casser la tête, il n'y a que celá. Au reste,
» nous travaillons pour la bonne cause, ce seroit bien
» le diable : on a tout tenté sans réussir jamais, ce der-
» nier moyen est infaillible. Au diable les R — : *Si tout*
» *réussit, je te jure qu'il n'en restera pas un :* Il faut que
» les C X y passent, ainsi tu verras dans tes instruc-
» tions les mesures qu'on a prises. *Elle n'échappera pas,*
» *je te jure;* elle en a fait assez. L'émulation est grande
» sur cet article, c'est à qui portera le coup. *Ce seroit*
» *bien le diable si nous éprouvions des remords pour une*
» *foutue gueuse comme celle-là. — Au fait, le Roi ne mé-*
» *rite pas ce genre de mort : quoique butor il est bon :*
» *au diable soit de l'attendrissement ; il faut se souvenir*

» *que de meilleurs que lui y sont passés, rien ne peut le*
» *sauver. Inutile sur cette terre, il vaut mieux pour lui*
» *qu'il ait dans l'autre monde la couronne du martyre,*
» *que d'en porter une ici-bas qu'il avilit et qu'il dégrade.*
» Ce qui encourage tous les nôtres, c'est l'assurance
» que celui pour qui nous exposons nos vies et nos for-
» tunes est digne du sort qui l'attend (1). La plus bril-
» lante carrière s'ouvre pour nous, il ne faut que du
» courage.

» Suis exactement les instructions que tu as reçues,
» n'aventure rien. Je te dis adieu en t'embrassant
» comme un frère ; nous ne nous reverrons que pour
» procéder au grand œuvre. La France touche en ce
» moment à la paix et au bonheur, ou à la plus affreuse
» anarchie qui fût jamais. Tu sçais pourquoi *KIIIIII.*
» Tu trouveras dans le même paquet un billet de O. »

La troisième pièce contient des lettres alphabétiques,
des chiffres romains et des signes hiéroglyphiques.

---

(1) Dans un supplément d'information fait par M. Briffault, échevin
commissaire, le 5 novembre 1789, et où comparaissent plusieurs témoins, se trouve la déposition d'un sieur Jean Bernard, contrôleur des
fermes au vin de la ville de Douai, y demeurant rue du Grand-Cante-
leux, âgé de soixante-sept ans, lequel dit « qu'il y a environ 15 jours,
» étant au bureau de la ferme des vins, un jeune homme, qu'il croit
» se nommer Foviau, demeurant chez le sieur Lespagnol, qui travaille
» au bureau chez le sieur Claro, s'approcha du déposant et lui dit d'un
» air mystérieux : *On dit de mauvaises nouvelles en France ; la famille*
» *royale est menacée ; le duc d'Orléans prétend monter sur le trône, etc.*»

(Dossier précité).

Le capitaine Hubert fut envoyé immédiatement à Paris, porteur des procès-verbaux et d'une lettre conçue en ces termes :

Les officiers municipaux et du Comité de la ville de Douai à Monseigneur le Président de l'Assemblée Nationale, à Paris.

« Douai, le 1er novembre 1789.

» Monseigneur,

» Mademoiselle Mellez, notre concitoyenne, a fait à M. Hubert, capitaine de la première compagnie de service, une dénonciation très conséquente, et qui porte sur des faits d'autant plus importants, que la sûreté du royaume et celle du Roi y sont menacées. Nous avons cru, Monseigneur, qu'il était de notre devoir de recueillir tous ces faits de la bouche de M. Hubert et de Melle Mellez, d'en dresser des procès-verbaux. Nous prenons la confiance de vous les adresser, et de charger M. Hubert, capitaine de la première compagnie, d'avoir l'honneur de vous les remettre, afin que vous en fassiez l'usage que votre sagesse vous suggérera. Nous croyons devoir vous prévenir que M. Hubert est chargé de remettre le double des procès-verbaux à M. de La Tour du Pin, ministre secrétaire d'Etat au département de la guerre.

» Nous sommes avec un profond respect, Monseigneur, etc.

» *Les officiers municipaux et du Comité de la ville de Douai.* »

CONSTATATION DE LA BLESSURE DE Melle MELLEZ.

« L'an 1789, le deux novembre, onze heures du matin, nous Pierre-Louis-Bauduin *Delannoy*, docteur en médecine de l'Université de Douai, conseiller médecin ordinaire du Roi et juré en la même ville, et Jacques *Maugin*, maître en chirurgie et pensionné des prisons de ladite ville ;

» En vertu de l'ordonnance de Messieurs du Magistrat de cette ville, en date du premier de ce mois, à nous délivrée par assignation en date d'aujourd'hui ;

» Nous sommes transportés chez M. Mellez, docteur et professeur en la Faculté de Médecine de l'Université de cette ville, à effet de constater l'état et la nature de la blessure de Mademoiselle sa fille Rosalie-Julie-Joseph, laquelle nous avons trouvée couchée dans une chambre haute tirant vue sur la cour, se plaignant d'un mal de tête considérable qui l'oblige à garder le lit, ayant le pouls un peu élevé, joint à des nausées occasionnées par la commotion qu'ont produit les coups que ladite demoiselle dit avoir reçus sur cette partie. Ayant levé l'appareil qui était sur le poignet et aux doigts de la main gauche, nous avons reconnu plusieurs plaies transversales et superficielles à la partie interne et inférieure de l'avant-bras, ainsi qu'à la partie interne et supérieure des doigts *index, medius* et *annulaire* de ladite main ; ces plaies nous ont paru récentes et produites par un instrument tranchant.

» En foi de quoi nous avons signé le présent.

» *Signé :* DELANNOY, MAUGIN. »

LETTRE DU MINISTRE DE LA GUERRE AUX OFFICIERS MUNICIPAUX DE DOUAI.

En réponse au message du Magistrat de Douai, le ministre de la Guerre adressa aux officiers municipaux de cette ville la lettre suivante :

« Le sieur Hubert, Messieurs, capitaine invalide et capitaine d'une compagnie de la garde nationale de Douai, m'a remis la lettre que vous m'avez fait l'honneur de m'écrire, en m'adressant les différents procès-verbaux dressés d'après les dépositions du sieur Mellez et de la demoiselle sa fille ; cet officier a également remis au président de l'Assemblée Nationale les doubles de toutes ces pièces dont vous l'aviez chargé pour l'Assemblée. L'objet m'en a paru si important que j'en ai conféré sur-le-champ avec les ministres du Roi, qui se sont assemblés à cet effet. Après l'examen le plus réfléchi de toutes ces pièces, on a été étonné de n'y pas trouver un procès-verbal du chirurgien qui aurait dû panser les blessures de ladite demoiselle Mellez et en constater et l'état et la cause ; il est même essentiel que ce procès-verbal soit promptement dressé et qu'il soit incessamment envoyé.

» Vous verrez de plus, Messieurs, par la lettre que vous recevrez du Comité des recherches de l'Assemblée Nationale, qu'il a jugé que la nature des dépositions du sieur Mellez et de la demoiselle sa fille , était d'une telle importance, qu'il lui paraît nécessaire que l'un et l'autre se rendent sans délai à Paris, pour y être entendus jusque dans les moindres détails qu'ils pourront avoir à donner. Les ministres du Roi n'ont pu que reconnaître l'utilité d'une précaution aussi sage, et nous ne doutons pas que vous ne fassiez sur-le-champ, tout ce qui est en vous pour porter le Sieur Mellez et sa fille à se rendre à Paris avec le sieur Hubert, pour y être entendus par le Comité des recherches de l'Assemblée Nationale et par les ministres.

» Vous voudrez bien, Messieurs, m'accuser la réception de cette lettre, et me faire part tout de suite des dispositions que vous avez faites en conséquence.

» J'ai l'honneur d'être avec une parfaite considération, Messieurs, votre très-humble et très-obéissant serviteur,

» LA TOUR DU PIN. »

ARRÊTÉ DES ÉCHEVINS

NOMMANT QUATRE MÉDECINS ET CHIRURGIENS POUR CONSTATER L'ÉTAT ACTUEL DE Melle MELLEZ.

» Vu par nous échevins de la ville de Douai, la lettre de M. le comte de La Tour du Pin, ministre de la Guerre, en date du deux de ce mois, à nous remise dans la nuit dernière par M. Hubert, l'un des capitaines de la garde bourgeoise de cette ville, qui avait été chargé des dépêches pour ce ministre; ensemble la lettre de l'Assemblée Nationale, adressée à la Municipalité et au Comité permanent de ladite ville, par lesquelles lettres nous sommes chargés à inviter et à porter M. Mellez et Mademoiselle sa fille à se rendre sans délai à Paris pour y être entendus sur les faits mentionnés aux procès-verbaux du premier de ce mois, qui ont été envoyés tant au ministre qu'à l'Assemblée Nationale ; et sur ce qui nous est revenu que ladite demoiselle Mellez se trouvait hier très incommodée, et que malgré son zèle et sa bonne volonté, la situation de sa santé pourrait ne pas permettre qu'elle se mît en route sur-le-champ, ce qui est intéressant de constater par rapport de médecins et chirurgiens.

» Nous échevins susdits, avons ordonné et ordonnons que MM. *Taranget* et *Poullet*, médecin et chirurgien ordinaires de Melle Mellez, et MM. *Delannoy* et *Maugin*, médecin et chirurgien que nous avons nommés d'office, se rendront sur-le-champ, (serment préalablement prêté) auprès de ladite demoiselle Mellez, pour reconnaître l'état et la situation actuelle de sa santé, apercevoir et juger le temps où elle pourra sans danger entreprendre la route de Paris. De tout quoi ils dresseront leur procès-verbal de rapport.

» Fait, en conclave, le quatre novembre 1789.

» *Signé :* DESBAULX, FORCEVILLE, MARTEAU, BRIFFAULT, REMY DE LA SUSSE. »

LES ÉCHEVINS DE LA VILLE DE DOUAI

A M. LE COMTE DE LA TOUR DU PIN, MINISTRE DE LA GUERRE.

« Monseigneur,

» Nous avons reçu la lettre dont vous nous avez honorés, qui nous a été remise par M. Hubert, capitaine de la garde bourgeoise de cette ville ; la grande célérité que nous avons cru devoir mettre dans l'expédition et l'envoi des procès-verbaux, a été la cause qu'il nous est échappé de vous faire remettre le rapport du chirurgien qui a été appelé pour panser la demoiselle Mellez lorsqu'elle est rentrée chez elle, et de joindre ce rapport aux autres pièces. Nous venons de faire appeler ce chirurgien, et nous nous empressons de vous faire passer le rapport qu'il nous a remis en date du 31 octobre ; nous y joignons une expédition d'un autre rapport fait judiciairement par médecins et chirurgiens que nous avons nommés d'office ; nous retenons l'original de cette dernière pièce, croyant qu'il doit demeurer annexé à l'information que nous tenons sur tous les faits et circonstances relatifs à l'affaire importante dont il nous a été rendu compte. Dès que cette information, à laquelle on travaille sans relàche, sera achevée, ce qui ne tardera guère, malgré le grand nombre de témoins, nous aurons l'honneur, Monseigneur, de vous en adresser une expédition. Nous ne croyons pas pouvoir nous départir des minutes originales, sans un ordre exprès du Gouvernement.

» Nous avons chargé ce matin, à la première heure, des commissaires de la Municipalité de se rendre chez M. Mellez, pour lui faire connaître le vœu de l'Assemblée Nationale et celui des ministres du Roi, et l'engager à partir pour Paris avec Mademoiselle sa fille et le sieur Hubert ; ils nous ont montré l'un et l'autre la meilleure volonté et le plus grand zèle de se mettre en route et de remplir les désirs de l'Assemblée Nationale et du Ministère ; mais Mademoiselle Mellez se trouve incommodée

et tient le lit, et cette circonstance suspend nécessaire-
ment son voyage ; pour justifier régulièrement la cause
de ce retard, qui afflige Mademoiselle Mellez, nous
avons, sur le rapport de nos commissaires, nommé deux
médecins et deux chirurgiens, à l'effet d'apercevoir l'état
dans lequel elle se trouve et de juger du temps auquel
elle pourrait se mettre en route sans danger. Nous vous
envoyons, Monseigneur, le rapport desdits médecins et
chirurgiens, qui laisse de l'incertitude sur l'époque fixe
où elle pourra supporter la fatigue de la voiture. D'après
les dispositions personnelles qu'elle nous a témoignées,
nous n'avons pas lieu de douter qu'elle profitera du premier moment. M. le chevalier de Frédy vient de nous
faire connaître que son dessein était de l'accompagner
et de lui servir de sauve-garde dans la route.

» Il nous reste à vous rendre compte, Monseigneur,
de toutes les dispositions que nous avons faites et des
précautions qui ont été mises en usage pour pouvoir
découvrir et faire arrêter, s'il avait été possible, les deux
personnes inconnues rappelées et désignées vaguement
dans la déclaration de Mademoiselle Mellez : aussitôt
le rapport fait au sieur Hubert, on a distribué des patrouilles dans toute la ville ; on a fait garder soigneuse-
ment les remparts par des factionnaires et des patrouilles ; on a fouillé toutes les auberges, hôtelleries et autres
lieux publics. Dans la matinée du jour de la Toussaint,
on a fait faire de nouvelles visites jusque dans les com-
munautés religieuses ; on a tenu les portes de la ville
fermées jusqu'à deux heures de l'après-midi ; on a fait
visiter exactement toutes les voitures qui sont sorties, et
on a eu la plus grande attention sur toutes les per-

sonnes qui se sont présentées auxdites portes dans tout le cours de la journée ; mais toutes ces précautions ont été inutiles et n'ont pu conduire à la découverte des coupables.

» Nous ne devons cependant pas vous laisser ignorer que vers les trois heures de la nuit du dernier octobre au premier novembre, un officier du régiment des chasseurs de Picardie, nommé M. de Laudemont, s'est présenté dans l'assemblée de la Municipalité et du Comité, en annonçant qu'il se proposait de partir cette nuit-là même , en conformité de la permission qu'il en avait obtenu la veille de M. le chevalier de Frédy, et demandant qu'on voulût bien viser et rafraîchir un passeport qu'il remit sur le bureau. La nature de l'affaire dont on était occupé porta la Municipalité et le Comité à ne pas consentir que les portes fussent ouvertes. La première idée d'un grand nombre des membres de l'assemblée avait été de le faire garder à vue ; mais sur les assurances que donnèrent M. de Frédy, commandant de la place, et M. le chevalier de Gricourt, colonel de la garde bourgeoise , qu'ils connaissaient cet officier, et qu'il y avait d'autant moins de matière à le suspecter qu'ils étaient informés que ledit officier avait été occupé toute la soirée à faire arranger ses malles, et qu'il n'avait quitté son uniforme pour prendre un habit de voyageur que vers les neuf heures du soir, et par conséquent bien du temps après la scène rappelée par Mademoiselle Mellez ; d'après ces observations, qui ont calmé les inquiétudes du Comité, il a été convenu qu'il pourrait lui être expédié un passeport ; que cependant il n'aurait les portes ouvertes pour son départ que vers midi ou à deux heures ; et qu'effectivement il n'est sorti de la ville qu'entre midi et deux heures.

» Nous sommes avec un très-profond respect,

» Monseigneur, etc.

» Douai, ce quatre novembre 1789. »

Les échevins ayant écrit, à la date du deux novembre, à M. le comte de Boistel, à Dunkerque, et à M. Pajot, subdélégué général à Lille, pour les instruire de la conspiration sus-rappelée, reçurent de ces Messieurs les réponses suivantes :

A MM. LES ÉCHEVINS DE LA VILLE DE DOUAI.

« Dunkerque, le trois novembre 1789.

» Je viens de recevoir, Messieurs, les deux procès-verbaux et les pièces jointes que vous m'avez fait l'honneur de m'adresser. Je conçois aisément vos justes sollicitudes sur le premier aperçu de cette horrible découverte. Vos soins, votre vigilance pour chercher à découvrir les deux scélérats désignés dans le procès-verbal, prouvent votre amour pour le Roi, la Reine et pour la Patrie. Vous avez très bien fait d'envoyer sur-le-champ un des officiers de la garde bourgeoise avec toutes les pièces originales à Paris. Si, à force d'argent, les deux désignés avaient trouvé moyen de se cacher dans votre ville, je pense qu'en faisant publier qu'il serait accordé une forte récompense à la personne qui pourrait faire découvrir quelqu'un qui cherche à se cacher pour crime envers l'Etat, il eût été fort possible que celui qui, dans le premier moment, ignorant son crime, se fût déterminé à les livrer. Les poursuites que pourra faire M. le lieutenant-bailly ne me laissent aucun espoir sur la découverte de quelque chose de plus, d'après toutes les précautions que vous avez prises.

» J'ai l'honneur d'être, Messieurs, votre très humble et très obéissant serviteur,

» DE BOISTEL. »

LETTRE DE M. PAJOT, SUBDÉLÉGUÉ-GÉNÉRAL A LILLE, A MM. LES ÉCHEVINS DE LA VILLE DE DOUAI.

« Messieurs,

» Votre courrier m'a remis hier, à quatre heures et demie du soir, la lettre que vous m'avez fait l'honneur de m'adresser le même jour, avec les copies de procès-verbaux et des pièces qui l'accompagnaient. Je suis aussi sensible que je le dois à l'attention que vous avez bien voulu avoir de m'informer de l'événement auquel ces différentes pièces ont rapport. Elles indiquent le projet le plus horrible, et les termes me manquent pour vous rendre l'impression que m'ont faite les détails que vous m'avez communiqués. Il serait bien fâcheux qu'on ne pût s'assurer des auteurs ou des complices d'un crime dont on n'eût pas même osé supposer la possibilité : il y a lieu de croire, d'après l'inutilité des premières perquisitions faites par vos ordres, que les deux inconnus sont restés cachés dans la ville, en attendant un moment favorable pour leur évasion. Je suis bien persuadé, Messieurs, que vous emploierez tous les moyens qui seront en votre pouvoir, pour découvrir et suivre le fil de cette affreuse trame. Nous devons tous faire des vœux pour que les coupables soient connus et punis. Si on éprouve le regret de ne pouvoir y parvenir, *on aura du moins l'espoir ou plutôt la certitude que les indices qu'on s'est procurés et les mesures qu'ils donnent lieu de prendre, feront avorter cet abominable projet,* et ce sera avoir rempli l'objet le plus essentiel et le plus intéressant pour tous bons Français.

» *Quels éloges ne mérite pas cette héroïne* qui, dans une circonstance où ses jours étaient menacés, n'a écouté que la voix du patriotisme! Elle a fait preuve d'un courage et d'une prudence aussi louables dans leur principe que précieux dans leur effet. *Mademoiselle Mellez vient d'honorer son sexe et sa patrie par une action qui n'appartient qu'aux grandes âmes.* Vous vous féliciterez, Messieurs, d'avoir parmi vous cette estimable citoyenne. Les obligations que nous lui avons tous sont incalculables, et je ne lui rends qu'un hommage bien dû en me mettant du nombre de ses admirateurs.

» Voulez-vous bien, Messieurs, me faire part des suites qu'aura cette affaire? J'en rends compte au Ministre et je serai bien aise de l'instruire du résultat de l'information que vous avez commencée.

» J'ai l'honneur d'être, avec un inviolable et respectueux dévouement, Messieurs, votre très humble et très obéissant serviteur,

» **Pajot.** »

NOUVELLE LETTRE DES ÉCHEVINS
A M. LE COMTE DE LA TOUR DU PIN, MINISTRE DE LA GUERRE.

« Douai, le huit novembre 1789.

» Monseigneur,

» Nous avons l'honneur de vous adresser une expédition des informations tenues jusqu'à ce jour, sur les faits et circonstances relatifs à l'événement du trente et un octobre, qui fait l'objet de la déclaration de Mademoiselle Mellez, consignée dans les procès-verbaux qui vous ont été envoyés ; nous joignons à cette expédition d'informations et des autres pièces de la procédure : 1° un mantelet de taffetas noir ; 2° un mouchoir de mousseline ; 3° un autre mouchoir ou collerette de linon moucheté, que Mademoiselle Mellez avait sur le corps lorsqu'elle a été assaillie, et qui se trouvent percés du côté gauche d'une lame d'épée ou de carrelet, à ce qu'il paraît en conformité de la déposition de ladite demoiselle Mellez. Nous envoyons, par ce même courrier, une pareille expédition desdites informations aux députés de l'Assemblée Nationale qui composent le Comité des recherches. S'il nous revient à connaissance quelques circonstances nouvelles qui puissent donner quelque jour sur cette affaire et conduire à la découverte de la vérité, nous ferons continuer l'information et nous nous empresserons de vous en faire connaître les nouveaux résultats.

» Nous sommes, avec un profond respect, Monseigneur, etc. »

Nous trouvons trace du voyage à Paris de Mademoiselle Mellez, dans la pièce suivante, faisant partie du dossier :

FRAIS DU VOYAGE DE M. & Melle MELLEZ A PARIS,
EN COMPAGNIE DE M. HUBERT, CAPITAINE.

« Je soussigné déclare et certifie, sous offre de l'affirmer, qu'il me reste dû la somme de cent quarante-trois livres dix-sept sols, à cause des dépenses que j'ai dû faire pendant le voyage à Paris avec Monsieur et Mademoiselle Mellez.

» Fait à Douai le vingt-quatre décembre 1789.

» *Signé :* HUBERT, *officier invalide, capitaine de la 1re Compagnie de la garde bourgeoise de Douai.* »

« Nous échevins de la ville de Douai, ordonnons au sieur Deguillon, trésorier de cette ville, de payer au sieur Hubert la somme de *cent quarante-trois livres dix-sept sols :* laquelle somme lui sera allouée dans ses comptes, en rapportant cette quittance.

» Fait à Douai le vingt-quatre décembre 1789.

» *Signé :* MALOTAU DE BEAUMONT , REMY DE LA SUSSE, MARTEAU , DE RŒUX , FOUCQUES. »

» *Reçu :* HUBERT. »

ÉTAT de ce qu'il revient au lieutenant-bailly dans l'af-
faire instruite à l'extraordinaire relativement à l'assas-
sinat que l'on avait voulu commettre en la personne
de Mademoiselle Mellez, le 31 octobre 1789, et recher-
ches faites à l'occasion des lettres tendantes à une cons-
piration et à l'assassinat du Roi (1).

PARDEVANT MM. LES ÉCHEVINS DE LA VILLE DE DOUAI.

Revient au lieutenant-bailly, pour les perquisitions faites
dans toute la nuit du dernier octobre au premier novembre, à effet de découvrir les quidam accusés dudit
assassinat, 12 florins.

Pour continuation des mêmes perquisitions faites dans
les colléges, maisons religieuses, dans la journée du
premier novembre, 12 florins.

Pour formation d'une première plainte sur le fait seul
de l'assassinat, 3 florins.

Vacations à la présentation de ladite plainte qui ne fut
point répondue, 1 florin.

Revient audit pour la formation de la plainte portant
sur l'assassinat de la demoiselle Mellez, ainsi que sur
la conspiration, 4 florins 16 patars.

(1) Les sommes indiquées sont des florins et des patars. — Le florin
valait un franc vingt-cinq centimes. — Le patar valait cinq liards, et
il fallait quatre liards pour un sou ou cinq centimes.

Présentation de ladite plainte et vacations à la faire répondre, 1 florin.

Pour formation du procès-verbal envoie en Cour, 1 florin 4 patars.

Réquisition tendant à ce qu'échevin-commissaire se transporte chez Mademoiselle Mellez pour y recevoir ses déclarations, attendu son état, 1 florin 4 patars.

Présentation dudit réquisitoire et vacations à le faire répondre, 1 florin.

Revient au lieutenant-bailly pour s'être transporté chez ladite demoiselle avec MM. les commissaires-greffiers, 3 florins.

Pour copie de l'ordonnance d'assigner témoins, 6 patars.

Autres copies délivrées aux médecin et chirurgien, 12 patars.

Présentation desdits médecin et chirurgien à effet de prêter serment, 1 florin.

Pour s'être transporté avec lesdits médecin et chirurgien, à effet de tenir procès-verbal des blessures de ladite demoiselle Mellez, 3 florins.

Pour vacations pendant l'information tenue chez ladite demoiselle Mellez, le deux novembre, 6 florins.

Pour six autres copies d'ordonnance d'assigner témoins pour déposer, 1 florin 16 patars.

Pour vacations pendant l'information du trois novembre, tant le matin que l'après-midi, 10 florins.

Sept autres copies d'ordonnance d'assigner témoins, 2 florins 2 patars.

Revient au lieutenant-bailly pour vacations pendant l'information tenue le quatre novembre, tant dans la matinée que l'après-midi, 11 florins.

Pour autre plainte par addition, 3 florins.

Présentation de ladite plainte et temps à la faire répondre, 1 florin.

Pour huit copies d'ordonnance d'assigner témoins dans ladite information, 2 florins 8 patars.

Pour vacations pendant ladite information, 3 florins.

Pour autre plainte par addition du six, 3 florins.

Item pour cinq autres copies d'ordonnance d'assigner témoins, pour déposer le six, 1 florin 10 patars.

Pour vacations pendant l'information tenue le six dudit . mois, tant le matin que l'après-dîner, 6 florins.

Autres copies d'ordonnance d'assigner témoins à effet de déposer le sept, 1 florin 4 patars.

Pour vacations pendant l'information tenue ledit jour, sept, tant le matin que l'après-dîner, 8 florins.

Revient audit lieutenant-bailly pour trois autres copies d'ordonnance d'assigner témoins pour déposer le huit dudit mois de novembre, 18 patars.

Pour vacations pendant l'information tenue ledit jour huit novembre, 5 florins.

Réquisitoire tendant à ce que médecin et chirurgien se transportassent chez la demoiselle **Mellez**, à effet de décider si sa santé lui permettait de se rendre à **Paris**, 1 florin 4 patars.

Pour s'être transporté avec lesdits médecin et chirurgien, 3 patars.

Pour différentes avertances faites tant au commissaire qu'au greffier, 2 florins, 8 patars.

Total : 119 florins 12 patars.

« Nous, échevins de la ville de Douai, ordonnons au sieur Deguillon, trésorier de cette ville, de payer au lieutenant-bailli *cent dix-neuf florins douze patars,* pour les causes ci-dessus, laquelle somme lui sera allouée.

» Douai, le quatre décembre 1789.

» *Signé :* DE RŒUX, DEQUERSONNIÈRE, DESBAULX, REMY DE LA SUSSE, DELANNOY. »

Vu bon : BRIFFAULT.

Reçu : ROUSSEAU.

Un autre compte, portant 29 florins 18 patars, est attribué aux sergents du bailli, pour perquisitions, avoir gardé la porte pendant les informations et porté les assignations.

Quelle suite a été donnée à cette affaire ? On l'ignore. — Mais, sur le désir que nous avions exprimé, une demande a été faite à ce sujet, par voie administrative, au Ministère de la guerre, à titre de renseignement d'histoire locale. — La réponse a été que le ministre consent à donner l'autorisation nécessaire à la personne qui désirerait faire, aux archives de son département, les recherches à cette fin.

En attendant, disons ce qu'est devenue Mademoiselle Rosalie Mellez : Elle épousa, peu d'années après les faits que nous venons de rappeler, M. Alexis Taffin, écuyer, propriétaire à Douai. Elle est décédée en cette ville, le 28 novembre 1836, à l'âge de 74 ans.

De ce mariage est née Julie-Ernestine Taffin, qui épousa M. le baron Amaury de La Grange, colonel d'artillerie, et mourut à Douai, le 20 mars 1842, âgée de 46 ans.

SUPPLÉMENT [1]

Mademoiselle Mellez est fille d'un médecin de Douai. Elle était au salut à Saint-Pierre le jour de la Toussaint (2); elle y était restée seule après le salut, attendant son confesseur, et s'était retirée dans une chapelle, derrière le chœur, où il faisait fort obscur. Deux inconnus, que l'on a su depuis être *Laclos*, capitaine d'artillerie, et *Ducret*, ci-devant ingénieur et alors tous deux attachés à la maison d'Orléans, sont venus dans ladite chapelle,

(1) Note trouvée dans les papiers de M. de Chermont et écrite par lui. En 1796 et 1797, il était à Douai sous-directeur des fortifications, prenant alors beaucoup de notes sur l'histoire ancienne et moderne de notre ville.

Il était à Philippeville en 1789, en 1809 à Valenciennes.

Ses papiers ont figuré dans une vente faite l'année dernière à Valenciennes; ils ont été achetés en grande partie par M. Laloy, de Flines, à qui appartient la présente note, et par la bibliothèque publique de Douai.

Le Laclos, capitaine d'artillerie, dont il est parlé dans ce récit, serait Choderlos de Laclos, ancien capitaine du génie, secrétaire du duc d'Orléans, auteur du roman licencieux : *Les Liaisons dangereuses*. Né à Amiens en 1741, cet agent de la faction orléaniste avait 48 ans en 1789. Cet âge concorde-t-il avec les signalements contenus dans les documents tirés des archives de notre ville?

(Détails dus à l'obligeance de M. BRASSART).

(2) C'était *la veille* de la Toussaint.

et ne la voyant pas, ils ont tenu une conversation très extraordinaire, et si extraordinaire que cela a donné envie à ladite demoiselle de les suivre, ce qu'elle a fait.

Lorsqu'ils sont sortis de l'église, ils sont entrés dans l'avant-cour des Carmes ; la demoiselle s'est encore cachée derrière un pilier de la porte et les a écoutés. Ils ont fini par résoudre de passer la nuit sur le rempart. En sortant de cet enclos, ils se sont aperçus qu'ils étaient suivis et qu'on avait entendu ce qu'ils avaient dit. Un des deux a tiré une épée de sa canne, et en a allongé un coup à la demoiselle, qui n'a percé que sa pelisse. Elle a du caractère et du courage, elle a employé sa langue et a crié : *Au meurtre!* On est venu à son secours, alors le M... a redoublé d'efforts, et, en retirant son épée, il a blessé Mademoiselle Mellez à la main. En se dérobant, il a laissé tomber des papiers de sa poche, que la demoiselle a ramassés et portés à son père, qui, les ayant lus, a couru faire assembler le Magistrat, quoi qu'il fût dix heures du soir : le Magistrat a député en poste deux membres du Comité à Paris.

LETTRE DE DOUAI, LE 5 NOVEMBRE 1789.

« Les députés, qui étaient partis dimanche pour Paris, sont arrivés à Douai hier pendant la nuit, porteurs de différentes lettres pour le Magistrat et le Comité, tant de la part du Ministère que de l'Assemblée Nationale. Ces lettres contiennent des éloges sur la manière dont on s'est conduit, et la célérité avec laquelle on a instruit le Gouvernement. On demande en Cour Mademoiselle Mellez avec son père, le plus tôt possible ; mais sa situation actuelle, constatée par un rapport de médecins et chirurgiens, ne lui permet pas encore d'entreprendre ce voyage, qu'elle doit faire avec le commandant de l'artillerie, qui, en l'absence de M. de Tot, commande dans notre place. Le Magistrat informe..., et il résulte de l'information que les deux inconnus, tels que Mademoiselle Mellez les a désignés, ont effectivement été vus par plusieurs personnes dans l'église de Saint-Pierre.

» NOTA. — Ces deux individus dont il a été parlé ci-dessus, *sont des agents qui ont servi à faire l'armement subit de toute la France, sous le prétexte de brigands qui arrivaient, dont il n'a pas été question, mais qu'ils voulaient faire tourner pour d'Orléans ;* mais qui heureusement, au contraire, a tourné à l'avantage de la Nation.

» Les papiers, ramassés dans la rue des Carmes, consistaient en trois pièces : deux lettres, dont une peu essentielle, et la troisième était remplie de chiffres et autres signes hiéroglyphiques. La lettre principale parlait d'une révolution complète, qui devait s'opérer dans dix jours, où il s'agissait d'immoler le Roi, la Reine et la famille royale, et de placer sur le trône une personne qui rendrait la France plus heureuse. « Mon cher comte, » (y était-il dit), point de faiblesse ; si tu es découvert, » brûle-toi la cervelle, etc., etc., etc. » — Les députés ont reçu du Ministère vingt-cinq louis pour leur voyage.

» Voilà tout ce que je peux vous apprendre sur cette affaire extraordinaire, que l'on eût découverte par la capture des coupables, si Mademoiselle Mellez eût fait fermer la porte de l'église, ou pris quelques personnes avec elle pour les suivre sur le rempart. »

(Copié à Philippeville, le 13 novembre 1789).

II

ÉCRITS SÉDITIEUX.

Le 7 mai 1789, le lieutenant-bailli de Douai portait plainte aux échevins de cette ville et dénonçait un libelle conçu en ces termes :

AUX CITOYENS DE DOUAY,

« O chère Patrie, jusqu'à quand te laisseras-tu lapider par le plus barbare des hommes, par un monstre avide de sang et de carnage, que toutes les puissances réunies de l'affreux Tartare ont vomi sur la terre pour jeter la terreur parmi les infortunés mortels ? Volez donc, généreux citoyens, pour la défense de vos jours, de vos biens ! Vos familles mêmes vous appellent : Tuez, massacrez, s'il le faut, ce vil monopoleur, cette sangsue publique, cet homme cruel, digne du siècle de Néron. — Mais à ces traits trop faibles pour dépeindre l'âme la plus noire qui n'ait jamais existé, peut-être méconnoîtras-tu, ô trop infortunée Patrie, le cruel vautour qui se repaît avec joie de tes propres entrailles ; peut-être aussi penseras-tu que je veux parler ici du redoutable *Nicollon* (1), du sordide *Fournier*, du vil *Courtray*, dignes satellites de celui qui est devenu le fléau de la Patrie, l'horreur du genre humain. Non, ce n'est point de ces gueux, de ces scélérats allaités par des tigresses, dont je veux te parler en t'excitant à délivrer la société de leur cruel ennemi. A ce titre odieux, tu reconnoîtras sans peine le plus scélérat des hommes ; en un mot *Vanlerberghe* (2). Car il suffit de prononcer ce nom détestable pour désigner tout ce que l'univers entier renferme dans son sein de plus barbare. A ce nom exécrable, il me semble voir, braves citoyens, votre sang bouillonner dans vos veines. Déjà une troupe intrépide de guerriers s'avance dans les rues pour aller arracher le cœur de ce scélérat. Mais tout-à-coup Vanlerberghe paroît et tout s'évanouit ; ses regards terribles jettent la terreur dans tous les esprits et met en fuite les plus déterminés. O malheureux concitoyens ! Car, précisément, cette terreur que le barbare a le talent de jeter dans vos cœurs, est ce qui doit vous déterminer à ôter la vie à cet inhumain. Voyez-vous combien l'audacieux se fait craindre, ne redoutant plus rien des juges qui se sont laissé corrompre par son argent et par ses présents ; il ose même vous braver. Toutes ces raisons ne doivent-elles pas vous déterminer à priver de la vie un tel monstre ? Courage ! revolez vers ce barbare, et mettez un frein à tant de cruauté. Toute la ville, toute la province, tout le Royaume, même l'univers entier retentira du nom de

(1) Voir page 56.

(2) Voir *note sur Vanlerberghe*, page 53.

ces hommes qui, semblables à Hercule, auront plongé dans les ténèbres éternelles ce nouveau Lacus ; la Patrie les regardera comme son sauveur et leur élèvera des autels dans son sein ; la postérité même ne prononcera leurs noms qu'avec respect.

» *O utinam !* » (1)

A la suite de l'information faite par M. Louis-Aimé-Joseph Dequersonnière, échevin, et des conclusions du lieutenant-bailli, les échevins rendent la sentence suivante :

SENTENCE DE PRISE DE CORPS A LA CHARGE DE CHARLES ET JOSEPH CLARO, ET D'AJOURNEMENT POUR GOSSELIN ET MARTIN.

» Vu par nous, échevins de la ville de Douay, la plainte du lieutenant-bailly de cette ville en date du 7 de ce mois, y joint un écrit séditieux commençant par ces mots : « O chère Patrie ! » et finissant par ceux-ci : « La postérité même ne prononcera leur nom qu'avec » respect ; » notre ordonnance, couchée en marge de

(1) Plusieurs copies de cet écrit séditieux ont été faites ; deux existent dans ce dossier. L'une porte comme signature : *Par M. de Saint-Sacristain ;* l'autre : *Par M. de B***, bourgeois de cette ville.* Ces deux copies sont d'une écriture différente.

ladite plainte, portant qu'il sera informé des faits y contenus, circonstances et dépendances ; l'ordonnance d'assigner témoins du même jour, l'information tenue en conséquence les 7 et 8 dudit mois, conclusions dudit lieutenant-bailly, tout considéré, sur ce conseil et avis :

» *Nous ordonnons que les nommés Charles Claro*, rhétoricien, demeurant en cette ville chez son père, rue du Clocher et paroisse Saint-Pierre, et *Joseph Claro fils*, demeurant au bureau au tabac, rue de la Halle, paroisse Saint-Pierre, *seront pris au corps et conduits ès-prisons de ce siége*, pour être ouïs et interrogés sur les faits résultant desdites charges et informations, et autres sur lesquels ledit lieutenant-bailly voudra les faire ouïr, sinon et après perquisitions faites de leurs personnes, seront assignés à comparoir à quinzaine et par un seul cri public à la huitaine en suivant, leurs biens saisis et annotés, et à iceux établi commissaires, ce qui sera exécuté nonobstant opposition ou appellation quelconque et sans préjudice d'icelles ;

» Nous ordonnons, en outre, que Louis-Joseph Gosselin, maître perruquier en cette ville, rue de la Halle, et Charles-Hyacinthe Martin fils, demeurant chez son père, receveur de la douane, rue des Potiers, pour avoir contribué à la publicité d'un libelle séditieux et attentatoire à la vie du sieur Vanlerberghe, seront ajournés à comparoir en personne, par-devant nous, demain dix de ce mois, dix heures du matin, pour être ouïs et interrogés sur les faits résultant desdites charges et informations, ou autres sur lesquels ledit lieutenant-bailly voudra les faire ouïr et entendre.

» Fait en conclave, à Douay, le neuf may mil sept cent quatre-vingt-neuf.

> » *Signé :* Couvreur, Malotau de Beaumont, Briffault, Delannoy, Remy de La Susse, Desbaulx, Forceville, Crugeot de Rœulx, Dequersonnière. »

JUGEMENT DES ACCUSÉS.

« Vu par nous échevins de la ville de Douay, la plainte du lieutenant-bailly de cette ville, en marge de laquelle est notre ordonnance du sept may dernier, portant qu'il sera informé des faits y contenus ; circonstances et dépendances ; l'écrit séditieux joint à ladite plainte, commençant par ces mots : *O chère Patrie !* et finissant par ceux-ci : *la postérité même ne prononcera leur nom qu'avec respect ;* l'ordonnance d'assigner témoins dudit jour ; le cahier d'information des sept, huit, quinze et vingt-quatre dudit mois ; le réquisitoire du lieutenant-bailly et notre sentence du neuf dudit mois, qui ordonne que les nommés Charles Claro, rhétoricien, demeurant en cette ville chez son père, et Joseph Claro fils, demeurant au bureau au tabac rue de la Halle, seront pris au corps, et que les nommés Louis-Joseph Gosselin, maître perruquier en cette ville, et Charles-Hyacinthe Martin fils, demeurant en ladite ville, seront ajournés à comparoir en personne, pour avoir contribué à la publicité d'un libelle séditieux et attentatoire à la vie du sieur Vanlerberghe ; autre réquisitoire dudit lieutenant-bailly, et notre ordonnance en marge, du neuf dudit mois de may, portant que échevin-commissaire se trans_portera dans les. demeures et chambres de Charles et Joseph Claro, à effet d'y tenir inventaire des effets qui pourront s'y trouver et être relatifs au libelle dont s'agit ; les procès-verbaux tenus en conséquence les neuf et dix dudit mois, y joint une lettre commençant par ces mots : *J'étois assis dans mon cabinet,* et finissant par ceux-ci : *ou la vie ou la mort;* les procès-verbaux de perquisition desdits Charles et Joseph Claro ; les assignations à quinzaine données en leur domicile le dix may ; les interrogatoires subis par lesdits Gosselin et Martin, dudit jour ; les assignations à huitaine, en date du vingt-six dudit mois, données à cri public auxdits Charles et Joseph Claro ; conclusions du lieutenant-bailly ; tout considéré, sur ce conseil et avis :

» Nous avons déclaré et déclarons qu'à tort et mal à propos *Charles Claro* a tiré copie d'un libelle séditieux et diffamatoire dirigé contre plusieurs citoyens de cette ville,. et a ensuite remis la minute dudit libelle au sieur de Saint-Laurent, et la copie d'icelui à son frère ;

» Pour réparation de quoi, *condamnons ledit Charles Claro à une amende de trois livres,* applicable au pain des prisonniers de cette ville ; lui faisons défense de récidiver, sous plus graves peines ;

» Déclarons aussi que très indiscrètement, à tort et mal à propos, ledit *Joseph Claro* a remis au nommé Gosselin, son perruquier, la copie dudit libelle qu'il avoit reçue de son dit frère ;

» Pour réparation de quoi, ordonnons que ledit *Joseph*

Claro sera mandé en chambre pour y être admonesté ; *le condamnons en outre à une aumône de trois cents florins,* au profit de l'administration de l'aumône générale de cette dite ville ; lui faisons défense de récidiver, à peine de punition exemplaire ;

» Déclarons pareillement qu'imprudemment ledit *Hyacinthe Martin* a tiré copies du libelle que ledit Gosselin avoit remis à son père et a distribué l'une desdites copies au nommé Guenot, dit La Busière ;

» Pour réparation de quoi, *condamnons ledit Martin* à une aumône de trois livres, applicable au pain des prisonniers ; lui faisons défense de récidiver, sous plus grièves peines ;

» En tant que touche ledit *Louis-Joseph Gosselin, le mettons hors de Cour.*

» *Condamnons lesdits Charles et Joseph Claro et ledit Hyacinthe Martin aux dépens du procès.*

»Fait en conclave, à Douay, le vingt-sept juin mil sept cent quatre-vingt-neuf.

» *Signé :* Couvreur, Desbaulx, Remy de La Susse, Forceville, Malotau de Beaumont, Dequersonnière, Cornoailles de Chalancourt, Delannoy, Briffault. »

L'an mil sept cent quatre-vingt-neuf, le premier juillet, dix heures du matin, est comparu en la Chambre de Justice *Joseph Claro,* où il a été admonesté, en exécution de la sentence ci-dessus.

Signé : Duquesne.

NOTE SUR VANLERBERGHE

D'un dossier relatif à *Ignace-Joseph Vanlerberghe,* négociant à Douai, rue du Vieux-Gouvernement, lequel dossier repose aux archives municipales de Douai, il résulte ce qui suit :

Le 27 juillet 1789, dans l'agitation du peuple qui avait lieu dans la matinée dudit jour, on accusait publiquement Vanlerberghe d'accaparement des seigles et des blés alors sur pied, et la garde bourgeoise amenait ledit Vanlerberghe en l'hôtel-de-ville, où il fut détenu.

Le même jour, M. Bruneau de Beaumetz, procureur-général au Parlement de Flandre, recommandait, dans une lettre aux échevins, « de ne point rendre la liberté au
» sieur Vanlerberghe, jusqu'à ce que les accaparements
» odieux qu'on lui impute aient été mûrement examinés
» et jugés, tant par la ville que par le Parlement. En
» conséquence, ajoutait-il, ce particulier demeurera
» dans vos prisons ou celles de la Cour jusqu'à nouvel
» ordre. »

Le lendemain, Vanlerberghe écrivait de sa prison à M. d'Haubersart, subdélégué à Douai, pour le supplier de faire entendre les témoins. « Je suis aussi innocent
» que vous, disait-il, des atrocités que l'on m'impute. »

Le 1ᵉʳ août, à la suite d'une instruction où comparurent vingt et un témoins, les échevins « déchargent
» Vanlerberghe de l'accusation à lui imputée, et ordon-
» nent qu'il soit relaxé des prisons. »

Ce jugement fut confirmé par arrêt du Parlement en date du 4 août. Peu après, Vanlerberghe quitta Douai. (1)

————

Le 16 juin 1790, on répandit en ville un billet manuscrit, dont voici la teneur :

AVIS SANS RÉPLIQUE.

« Le clergé et les parlementaires hors de la ville,
» avant les élections, ou, les jours des élections, à la
» lanterne patriotique. »

> » *Signé* : D..... S..... »

Une instruction fut ouverte le même jour, par l'officier municipal Antoine Picquet. Elle n'amena aucun résultat.

Le 17 juin 1790, une nouvelle instruction, également sans résultat, est faite à l'occasion de deux nouveaux libelles répandus à Douai. L'un est conçu en ces termes :

————

(1) Vanlerberghe avait une fille qui épousa le fils de Jean-Baptiste Paulée, lequel, hôtelier à Douai, se rendit acquéreur, au moment de la Révolution, de l'Abbaye-des-Prés en cette ville. Il y mourut le 30 mai 1832.

Briffault, rue des Minimes ;
D'Haubersart, procureur du Roi ;
Evrard, rue Notre-Dame ;
Iolente, sur la Place ;
Deffaulx, rue des Wetz ;
Bonnaire, rue d'Esquerchin ;
Déprès, rue Jean-de-Gouy ;
Simon de Maibelle, rue Notre-Dame ;
Et *Simon,* au Cabinet littéraire, sur la Place ;
De Gœulzin, maire de la ville ;
Desplanque, docteur ;
Chevalier, au Séminaire Moulart ;

« Tous monstres, à pendre à la lanterne patriotique
» et sans réplique.

» O lanterne majestueuse ! divine lanterne ! »

Voici le texte de l'autre écrit séditieux :

VIVRE LIBRES OU MOURIR !

« Quand serons-nous tranquilles ?
» Lorsque vous vous serez défaits de deux monstres,
» chefs de l'infernale clique aristocratique, que l'on
» nomme *Bonnaire* et *Déprès.*
» Réverbérisez ! réverbérisez ! vous dis-je ; le temps
» presse comme à la prise de la Bastille.

» Douaysiens, quand ferez-vous une action mémora-
» ble? » (1).

Ces excitations successives à l'assassinat devaient
porter de bien déplorables fruits :

Le 15 mars 1791, des individus mal famés et qui depuis longtemps cherchaient à exciter un mouvement
dans la population et dans la garnison, s'étaient portés à
de graves excès, sous le spécieux prétexte d'infraction
aux réglements sur le commerce des grains, contre un
négociant nommé Louis-François-Joseph Nicollon, né à
Douai, l'un de ceux désignés, avec Vanlerberghe, dans
le libelle précité du 7 mai 1789. On l'avait assailli, meur-
tri de coups, et traîné à la maison commune. Pour le
sauver de la main des forcenés, le maire Bonnaire avait
été obligé de demander qu'on le conduisît en prison.
Jean-Pierre-Joseph Derbaix, avocat et imprimeur à
Douai, rue des Ecoles, capitaine de la garde nationale,
aidé de quelques-uns de ses camarades, s'était chargé
de la conduite et de l'incarcération de Nicollon, et il
avait fallu tout son courage pour défendre la victime
contre les furieux qui en voulaient à sa vie. Il était cependant parvenu à faire refermer sur le malheureux
négociant la porte de la prison, lorsque les soldats de la

____

(1) Six de ces billets sont aux archives. L'un de ces billets a la va-
riante suivante : « *Lorsque nous aurons mis à la lanterne Bonnaire et
Déprès, chefs de l'infernale clique aristocratique. Lanterne! Lanterne!
Lanterne!— Douaysiens, courage !*

troupe de ligne, qui faisaient partie de l'insurrection et qui avaient méconnu toute subordination, voulurent forcer l'entrée de cette prison. Derbaix s'y opposa avec énergie ; un soldat prétendit avoir été piqué par le sabre de Derbaix. Ce sabre, arraché de ses mains, on le tourna contre lui et il dut prendre la fuite pour échapper à la fureur de cette soldatesque exaspérée par la boisson et par les meneurs. Il fut découvert, conduit avec violence sur la place d'Armes, dépouillé de son habit et pendu au réverbère du corps-de-garde ; des soldats lui ouvrirent les entrailles, et son corps fut traîné par ces cannibales à travers les rues de la ville. — Le malheureux Derbaix avait trente-huit ans.

Le lendemain de cet horrible assassinat, le maire et les officiers municipaux faisaient afficher sur les murs de la ville de Douai l'ordonnance suivante :

« Rien n'est plus essentiel à la société que l'ordre et la tranquillité, qui seuls peuvent la maintenir. Une parfaite soumission à la loi et aux autorités que la Constitution a établis ou cimentés : voilà le premier et le plus important des devoirs des citoyens ; tenir la main à l'exécution des décrets sanctionnés par le Roi, maintenir le bon ordre : voilà le premier et le plus important des devoirs que le choix de nos concitoyens nous impose.

» Nous ne pouvons trop nous hâter d'user de l'autorité que la loi a remise en nos mains, pour dissiper les attroupements, et en arrêter les malheureux et cruels effets.

» Ce considéré, ouï le procureur de la Commune :

» Nous maire et officiers municipaux :

» Défendons à tous citoyens de cette ville de former aucun attroupement ;

» Ordonnons à toutes personnes attroupées de se disperser, et ce sous les peines portées par les décrets de l'Assemblée Nationale sanctionnés par le Roi.

» Sera la présente ordonnance imprimée et affichée partout où besoin sera.

» Fait à Douai, ce 16 mars 1791.

» Signé : BONNAIRE, maire ; A. PICQUET ;
DUQUESNE, secrétaire-greffier. »

Pour répondre à cette ordonnance de l'autorité, le lendemain, 17 mars, des rassemblements se forment ; ils se composent d'hommes ivres et exaltés par une fureur sanguinaire. La voix du général de Lanoue se fait vainement entendre, les soldats la méconnaissent, ils refusent de marcher pour empêcher les forcenés d'arracher le malheureux Nicollon de la prison. M. Delaserre, à la tête d'un détachement de troupes d'élite, en défendait l'entrée. Il fait la plus vive résistance. Son héroïsme étonne les assaillants ; mais enfin M. Delaserre est forcé dans son poste. Nicollon, presque agonisant des coups qu'il avait reçus la veille, est traîné sur la Grand'Place, il est pendu à la lanterne, comme Derbaix, au milieu des acclamations d'une ignoble multitude. Il était âgé de cinquante-deux ans.

Les assassins ont ensuite parcouru la ville, vociférant

des chants de triomphe et épouvantant tous les honnêtes gens par leurs menaces.

Les principaux auteurs de ce double crime furent connus ; ils ont vécu longtemps après à Douai, sans que jamais la justice leur ait demandé compte de leur horrible conduite.

FIN

TABLE.

Pages.

AVERTISSEMENT 5

I. — LA CONSPIRATION.

Rapport de M. le capitaine Hubert. 8

Interrogatoire de Melle Mellez. 11

Déposition de M. Mellez 17

Libelles incriminés 21

Lettre des officiers municipaux et du Comité de la ville de Douai, au président de l'Assemblée Nationale 24

Constatation de la blessure de Melle Mellez. 25

Lettre du ministre de la guerre aux officiers municipaux de Douai. 26

Arrêté des échevins, nommant des médecins et chirurgiens pour constater l'état de Melle Mellez 27

Lettre des échevins au ministre de la guerre. 28

Lettre de M. le comte de Boistel, de Dunkerque, aux échevins de Douai 32

Lettre de M. Pajot, subdélégué général à Lille. . . . 33

Lettre des échevins au ministre de la guerre. 35

Frais du voyage de M. et Melle Mellez à Paris. 36

Etat de ce qui revient au lieutenant-bailli dans l'affaire de
la conspiration 37

Conclusion 40

Supplément. — Noms présumés des inculpés 42

Lettre de Douai du 5 novembre 1789 43

II. — ÉCRITS SÉDITIEUX.

Aux citoyens de Douay 46

Sentence de prise de corps contre deux douaisiens . . . 48

Jugement des accusés 50

Note sur Vanlerberghe 53

Avis sans réplique. 54

Citoyens désignés comme dignes d'être pendus 55

Vivre libres ou mourir ! 55

Assassinat de Derbaix 56

Proclamation des magistrats 57

Assassinat de Nicollon 58

Table 61

Douai. — L. Dechristé père, imprimeur breveté, rue Jean-de-Bologne, 4.